푸른 하늘의 종이비행기

개미

푸른 하늘의 종이비행기

최부암 시사집

| 발간사 |

전문예술단체 〈장애인인식개선오늘〉은 장애인의 문화예술 활동을 지원하는 프로그램을 통해 장애인이 창조적 문화예술 활동을 하면서 성장하고 인정받는 것은 장애인 어느 한 개인의 역량만으로 가능한 것은 아닐 것입니다.

더불어 장애인 문화예술 활동을 활성화시키기 위해서는 장애인의 문화적 욕구와 권리에 대한 국가적 차원에서 지원과 배려가 반드시 필요하다고 생각합니다. 지금까지 장애인 문화예술 활동에 대한 배려가 없었던 것은 아니었지만 비장애인에 대한 지원과 배려에 비해서는 미미한 수준이라고 생각됩니다.

장애인의 '문화적 권리'가 '적극적 권리'로 규정된 것에 비해 장애인의 경제적 조건은 여기서 말하는 개인의 경제적 조건이 아닌 인간의 가장 기본적인 권리 이동권과 문화 향유에 대한 시민적 권리를 말하는 '인권적 측면'을 지칭하는 것입니다.

장애인의 문화예술은 교육활동과 참여할 수 있는 기회를, 이동권 확보를 통해서야 비로소 직업재활과 경제활동 등을 할 수 있는 생산적 복지의 틀을 '대한민국 장애인 창작집 발간지원'을 통해 콘텐츠 확보에 주력하였고, 가능성을 확인할 수 있는 결과를 '2014년 세종도서문학나눔 우수도서'에 선정된 장애인 작가들의 작품성을 통해 확인하였습니다.

곧 '장애인문학'의 대중화를 시킨 최초의 사례가 된 것입니다. 즉 장애인 문화예술교육 활동의 기회제공, 이들의 작품성으로 인한 대중적 접근성을 신장하였고 문화예술계 전반에 참여할 수 있는 역량강화에 이바지한 것입니다.

또한 이와 같은 장애인 사회참여 과정은 작가와 독자가 되어 보다 풍요로운 삶을 영위할 것이며 동시에 사회통합과 공동체 사회의 이념을 다듬어 나가는 초석이 될 것입니다.

이번 장애인 창작집 발간지원 사업에 선정된 장애인 작가들은 작품집과 대중성을 확보하여 문화적 권리 즉 장애인문학을 통하여 보다 적극적인 문화적 권리 함양에 이바지함은 물론 이러한 콘텐츠를 통하여 일자리 창출의 기회를 삼아 '생산성 있는 문화 복지'의 주인이 되길 바라는 마음 간절합니다.

2015년 세밑에서
전문예술단체 〈장애인인식개선오늘〉
대표 박재홍

| 2015 장애인발간지원사업 작품집 선정 심사 후기 |

장애인 예술의 개념을 보면 장애가 있는 대부분이 스스로의 예술 작업을 장애예술이라는 용어로 구분지어 불리는 것에 대한 거부감을 가지고 있는 등 장애예술이라는 용어 자체가 작금에 논란이 되고 있는 것은 사실이다.

그러나 최근 문화복지 신장과 문화예술의 사회적 통합의 역할이 강조되어 장애인 예술 활동에 대한 사회적 관심이 높아짐에 따라 장애인과 관련된 예술 및 예술 활동의 정의와 범주에 대한 논의가 활발히 전개되고 있다는 것 또한 사실이다.

현재 논의되어진 장애인 예술을 "신체적 정신적 장애를 가지고 있는 사람이 예술작품을 창작하거나 표현하는 행위"로 한시적으로 정의함을 정론으로 하고 있다.

결국 일반적으로 예술인들은 아래의 특징을 가지고 있다. 예술창작을 본질적인 부분으로 생각하고, 고용되었거나 어떤 협회에 관여하고 있는지의 여부에 관계없이 예술인으로 인정받고 있거나 인정받을 수 있는 사람으로 규정하고 장애예술인 역시 위의 예술가의 특징을 가지고 있으면서, 신체적 · 정신적 장애를 가지고 예술 활동을 하고 있는 사람으로 규정할 수 있다고 정론화된 다수의 의견을 전제로 선정된 작가들의 심사평을 쓰기로 했다.

청암(淸岩) 최부암의 시 『푸른 하늘의 종이비행기』는 무겁다. 시인으로 등단해 활동하는 기간도 기간이지만 숙련된 구성력이 돋보였다. 또한, 다양한 콘텐츠를 가지고 있는 게 그려진다. 장애인들의 권익과 인권에 관한 이해를 가지고 바라보는 그의 작품은 맑은 해안가에 있는 "너럭바위" 같다.

시정화의(詩情畵意) 품듯이 사진은 일어서지 못하는 그리고 다가서지 못하는 자신의 환경적 요인을 뛰어 넘어 창공에 기러기처럼 자유롭다. 가장 날씨가 안 좋을 때 거침없이 나아가 달리는 그의 전동 휠체어에 어린 시어(詩語)처럼 촉감이 만져진다. 그 뿐이 아니다. 카메라에 매달린 풍경처럼 호기심이 깃든 그의 시는 많은 발전을 위해서는 조금은 간략한 느낌의 소네트 선율이 흘렀으면 좋겠다고 생각으로, 욕망을 내려놓은 그의 문학적 소양을 보면 앞으로의 발전이, 이 한 권의 시사집은 시설에 살고 있거나 홀로 살고 있는 장애예술인들에게는 큰 용기가 되겠다.

— 심사위원회

| 시인의 말 |

첫 詩寫集을 내면서

세상에 태어나 하고 싶은 것도 참 많았고, 하기 싫어도 부득이 해야 하는 일 또한 많았다.

내가 성장하면서 뜻대로 못했던 안타까운 기억들이 있다.

빨간 색종이로 만든 바람개비를 수수깡에 꽂아 땀이 흠뻑 젖도록 힘차게 달려보지 못했고, 솜씨 있게 만든 나의 가오리연이 제일 높이 날았다며 내 대신 날려주고 전해주는 아이들 이야기에 기뻐했던 그날 밤, 그토록 띄우려 애쓰던 연이 뱅뱅 돌다가 떨어져 끝내는 울음을 터뜨리며 깨어난 꿈속의 기억들……

체육시간. 햇살 가득한 운동장에서 기마전하며 상대방을 넘어뜨리는 모습에 제풀에 신이나 홀로 응원하며, 언제나 교실을 지키는 당번이 되어야 했던 일들은 내 의사와 관계없이 가장 하기 싫은 일이었다.

세상을 자주 만날 수 없어 사진으로 순간의 기억을 남

기는 습관이 언제부터 시작되었다. 내 뜻대로 할 수 없는 생각의 흐름을 글로 쓰는 습관도 생겼다.

사진과 詩는 영혼의 표현이며 내 자신이다.

바람이 불던 어느 날 강가에 앉아 꿈속에서조차 제대로 날리지 못했던 그 연을 지천명을 넘긴 나이에 10살박이 내 아이가 잡아준 꿈속에서만 바라보았던 그토록 날려보고 싶었던 연을 원 없이 띄웠다. 하나의 소원을 이루는 날이었다.

내가 하고 싶어도 할 수 없었던, 그래서 더욱 가슴에 불탔던 기억들이 '푸른 하늘에 종이비행기'를 띄우는 일이다. 그것은 또 다른 내 인생의 시작이기 때문이다.

2015년 12월

최부암

| 축사 |

윤기영

(시인, 『현대시선』 발행인)

그는 열심히 노력하는 시인이다.

우린 각자가 주어진 삶에서 얼마나 노력하느냐에 따라 많은 발전이 있다.

그러나 최부암 시인은 정신무장으로 장애를 극복하여 타인을 행복하게 전도한다.

최부암 시인은 시인으로 사진작가로써 자기의 감성을 끌어내 글로 표현해주고 있어 사회에 큰 공헌을 하고 있다는 사실이 지금은 표면적으로 나타나지 않지만 조만간 그 이름을 기억하게 될지도 모른다.

최부암 시인 그는 누구인가?

질문을 던지면 자연의 이치를 존중하고 주어진 삶에 최선을 다하는 감성주의 작가라고 말하고 싶다.

시집 상재를 진심으로 축하드린다.

| 추천사 |

김성호
(시인, 문화비평가)

淸岩 최부암 시인은 페이스북에서 만난 문우이고 순대국밥을 좋아하는 매우 소탈한 시인이다.

만나서 함께 식사 자리도 가진 적이 있는데 휠체어에 의지해 사시는 장애인이지만 얼굴에 광채가 날 정도로 성격이 매우 밝고 긍정적인 사고방식을 지닌 시인이기도 하다.

이번에 첫 시집을 낸다고 원고를 보내며 추천사를 부탁하기에 쾌히 승낙을 했다.

시를 쓰는 시인이지만 사진 찍기를 좋아해서 풍경을 멋진 작품으로 승화시키는 재능을 가진 훌륭한 사진작가이기도 하다.

시집 제목을 『푸른 하늘의 종이비행기』로 한 것은 아마 시인이 아이 같이 깨끗하고 맑은 성정(性情)을 단적으로 보여주고 있는 것이 아닌가 싶다.

누구나 한 번쯤은 맘에 드는 색종이를 접어 꿈을 실어

하늘로 날리던 욕심없던 시절이 있었으리라! 그러나 지금은 날릴 하늘이 없어 아쉬워하는 시인의 고백이 우리 모두의 마음을 아프게 한다.

불편한 몸인 자신을 개의치 않고 평생 반려가 되어준 아내에 대한 마음을 시로 승화시킨 「촛불」에서 찬란히 피어나 어둠을 밝히는 불꽃이여/ 이사도라의 맨발 같이 춤추는 불꽃이여/ 차라리 너는 고고한 한줄기 붉은 튤립…… 중략, ……영롱한 불꽃이여/ 가없는 당신의 희생은/ 내 인생을 밝히는 영원한 求道者…….

시인은 장애를 가졌음에도 장애인 단체에서 봉사의 시간을 보내고 있다. 이번 시집 상재를 그 누구보다 축하드리며, 많은 독자들의 사랑 속에서 멋진 시의 꽃을 피울 수 있기를 기원한다.

| 추천사 |

장후용

(음류 시인, 중독상담학 박사)

시집의 시작을 淸岩 시인은, 어느 날 아이가 가지고 놀다 떨어뜨린 빨간 색종이 하나를 주워 들고 무엇을 할지 잠시 망설였다고 말합니다. 아마도 자신의 유년시절 기억이 스멀스멀 피어오름과 동시에 그 기억의 저편에 서 있는 자신에 내면의 아이와 맞닥뜨려 고민하고 있는 모습이 아니었을까요?

우리는 누구라도 자신 안에 상처받아 울고 있는 내면 속의 아이와 반드시 만나게 됩니다. 이때 자신의 내면아를 위로하고 어루만져주고 함께 친구가 되어야만 겉과 속의 일치된 상태로 온전한 정신적 건강을 유지하며 살아갈 수 있겠지만, 만약 그렇지 못하면 일생을 자신과의 갈등으로 긴 시간을 방황하게 됩니다. 그럼으로 끊임없는 내면과의 소통을 통해 자신을 극복하고 이겨내야 비로소 세상을 바로 보며 평안의 삶을 살아갈 수 있게 됩니다. 문제는 이러한 내면과의 확장을 스스로 터득하고 지혜롭게 견뎌 내기란 결코 쉬운 일이 아니라는 사실입니다.

그럴 때 淸岩 시인은 순간순간의 어려움을 깊은 심연에서 끌어올린 맑은 시냇물을 투명하게 흘려보내듯이 한 편의 詩로 풀어냅니다. 고요히 흐르는 강물과 같은 느낌으로 겉으로는 평온을 유지하면서도 그 깊은 내면의 소용돌이를 담대히 극복하며 모든 아이들의 마음속으로 흘러듭니다. 우리 모두의 가슴속엔 성인아이가 존재하듯이 淸岩 시인도 자신 안에 내제된 성인아이와 끊임없는 물음과 대답을 통해 사물을 배우고 깨달아 가며 내면아를 지금의 성찰된 자신과 일치로 이끌어내는 것을 보면서 그 누구라도 성장을 멈추고 세상에 빠져들고픈 아이들에게 주저 없이 淸岩의 이 『푸른 하늘의 종이비행기』로 마음의 정화를 일깨워 다시 가던 길을 거침없이 내어딛기를 권하여 봅니다.

「선택」 — 마음이 얼어붙은 하늘엔/ 바람도 없고/ 구름도 없이……중략, ……서슬 시퍼런 독설에 멍든 쓰라림/ 구토로 현기증을 일으키고/ 수십 년을 비수로 꽂힌 상처가/ 한꺼번에 외로움으로 쏟아집니다…… 중략.

풀도 없고 잡초도 없는 외로운 꽃이기를 원한다면 비수에 꽂혀 신음하는 가슴을 간직해도 기꺼이 아픔을 즐거워하겠다는 시인의 각오는 티끌과 같은 작은 먼지라도 사랑받을 권리가 있음에 그것을 위해 결코 목숨마저도 기꺼이 버리겠다는 비장함에 목이 메여옵니다. 만약 그가 스스로 고독한 길을 홀로 가겠다는 숭고(崇古)의 혜안(慧眼)이 없었다면 빛없이 캄캄함 중에서도 빛을 보고, 아직 길 없는 길을 걸어서 끝내는 빛을 비추고 길을 내야 하는 일을 감당해 낼 수가 있었을까를 생각해 봅니다. 모진 세상을 살면서 이런 용기가 필요할 때 이 시집은 그런 일들을 감당할 용기를 갖게 합니다. 솟대처럼 살면서……

「솟대처럼 살으란다」 — 마음에게 마음을 묻고/ 길에게서 길을 물어보았지만/ 그냥 마음에 담아두란다/ 그냥 길을 가란다/ 하늘에게 하늘을 물었더니/ 그냥 하늘만 보란다/ 솟대처럼 살으란다/ 그냥 세상을 보란다/ 그냥 마음에 담으란다/ …… 중략.

시인은 아이에게 등을 토닥이듯 말합니다. 솟대처럼 살라고……얼마나 큰 울림이었는지 모릅니다. 비움은 그냥 빈게 아니라 가득 채우기 위한 비움이 있어야 하고, 거친 세파를 견디고 잠시 쉼을 위한 안온한 항구로의 접항을 허용하는 해랑(海浪)된 마음을 내어줌으로써의 비움은 깨닫게 하는 교훈이었습니다. 곧 내재된 성인아이의 상처를 어루만지는 사랑으로 가득 채워져야 함의 의미였습니다.

상처 가득한 배 한 척 저기 들어오네요. 지금 당신의 빈 마음이 필요할 때입니다. 배를 위해 내어주는 항구로의 빈 마음이 준비되었나요? 이 시사집(詩寫集)이 외로운 마음을 가진 모든 이들께 매개항(媒介港)이 되어줄 것이 분명하기에 내가 여러분께 이야기하는 추천의 이유입니다.

푸른 하늘의 종이비행기
차례

제1부
종이비행기

제2부

봄의 연가

제3부

여름 연가

제4부
가을 연가

제5부
겨울 연가

제6부

내 마음의 고향

제1부
종이비행기

종이비행기

아이 책상에서 떨어진
빨강 색종이 하나
빛이 하도 예뻐서
주워 들고서 망설이다가
동심을 접은 비행기

꿈을 실어 날리면
뭐가 그리 좋은지
마냥 즐겁기만 했던 날들
세상이 모두 내 것 같았던
욕심 없던 시절

그때는
미래가 있었습니다
희망이 있었습니다
꿈이 있었습니다

다시 접어본 종이비행기

그러나 지금 내 마음에는
날릴 하늘이 없습니다

촛불

— 아내에게 바치는 노래

찬란히 피어나 어둠을 밝히는 불꽃이여
이사도라의 맨발 같이 춤추는 불꽃이여
차라리 너는 고고한 한줄기 붉은 튤립

질곡의 서러움 가슴 깊이 감추고
홀로이 제풀에 서글퍼 글썽이던
시울에 가득 찬 청빈한 눈물

내 인생 밝히는 불꽃으로 태어나
외롭게 홀로이 아름다워라
타오르면 타오를수록 오묘한 당신은
나의 반쪽

꽃은 향기를 품고 살지만 스스로 맺지 못해
나비를 사모하듯
연기처럼 사라져가는 당신의 자양분으로
비로소 향기를 발산하는 나는
당신의 꽃

영롱한 불꽃이여
가없는 당신의 희생은
내 인생을 밝히는 영원한 求道者

소멸의 절망에 물들지 않고
더욱 더 찬연하게 빛나는 당신
내 차마 바라볼 용기조차 없어라

註) 이사도라 : 미국의 현대 무용가 이사도라 던컨

푸른 하늘

눈이 시리게
푸르른 날에
하늘을 보면

그곳에는
네가 있고
내가 있어
언제나 좋아

눈이 시리게
푸르른 날에
하늘을 보면

늘 기다리는
네가 있어
언제나 좋아

눈이 시리게
푸르른 날은
네가 보고 싶어

하늘 보면
나를 기다리는
네가 있어
푸른 하늘이 좋아

하루

여명을 가르는 알람 소리에 놀라
소스라치는 아침
하루가 모자라 선잠을 깨우고
세상과 싸우러갈 무기로
긴장을 장전합니다

하루 시작을 위하여
비몽사몽으로 망가져
내 것 같지 않은 내 모습을
차가운 냉수로 급속 충전합니다

면도날로 말끔히 얼굴을 다듬고
아내가 날 세워 준 하얀 와이셔츠를 입고서
거울 속에 나를 바라봅니다

아하! 지천명 세월이 할퀴고 간 모습
저것이 진정한 내 모습인가……
거울 속에 숨은 나를 바라보는데

"출근 늦겠어요……!"
주방에서 들려오는 쇳소리 닮은 아내의 음성으로
얼음판에 나가떨어진 소눈깔처럼 정신이 번쩍 듭니다

상큼 발랄한 직원의 아침인사를 기억해보지만
첫 새벽에 도착한 사무실은 지하 벙커처럼
굳게 잠긴 어둡고 텅 빈 쓸쓸함

주인 없는 을씨년스런 빈 책상을 지나
컴퓨터 속의 낯익은 E-mail을 마주하며
길고 긴 하루를 다시 시작합니다

뒤늦게 도착한 직원은
갓 씻어낸 비누 향기를 흩날리며
환하게 그리고 밝게 미소를 짓습니다

게슴츠레 충혈된 눈동자로 하루를 마감하는 시간
차창 밖으로 흩어지는 부지런한 군상은
42.195km를 전력 질주한 선수의 모습으로
내일을 위한 오늘을 달려왔습니다

선택

마음이 얼어붙은 하늘엔
바람도 없고
구름도 없이
햇빛을 잃은
끝없는 푸름만 있었습니다

서슬 시퍼런 독설에 멍든 쓰라림
구토로 현기증을 일으키고
수십 년을 비수로 꽂힌 상처가
한꺼번에 외로움으로 쏟아집니다

아스팔트는 곧게 뻗어 좋은 길이지만
풀 한 포기 자랄 수 없는 삭막함이 싫었습니다
그래서 곧은 게 싫었습니다
곧바른 길이기를 원하는 게
미움을 받을 수밖에 없음을
미워하지 말라는 외침 같아
그래서 미웠습니다

흙내음 풀풀 날리는 황톳길
마른 풀도 자라고 잡초도 무성한 들녘에
이름을 얻지 못한 야생화가 빛나는
그런 길이기를 바랐지만
탄탄한 아스팔트이기를 바라는 게
더 미웠습니다

풀도 없고 잡초도 없는
외로운 꽃이기를 원한다면
비수에 꽂혀 신음하는 가슴을 간직해도
기꺼이 아픔을 즐거워하겠습니다

티끌을 사랑할 줄 모르는 마음
부족함 감싸줄 아량 없는 마음으로
힘겹게 살아가는 어리석음을 선택한 당신
난 기어이 버리겠습니다

붉은 등대와 대화

비가 오나 눈이 오나 바람 불어도
언제나 그 자리

밤이나 낮이나
본연 하나로 지켜온 당신

깊이 간직한 그 전설 알고 싶어
오늘도 당신을 찾아 왔어요

그대 마음 배우고 닮을 수 있다면
꽁꽁 언 내 마음 깊은 곳까지 녹일 것 같아요

욕망을 위하여 앞만 보고 달리던 시절은
저녁놀 타오르는 붉은 석양만이 아름다운 줄 알았죠

지금은 젊은 날 만나지 못한 세상
마음의 눈을 통해 더 맑고 밝게 볼 줄 알게 됐어요

칠흑보다 어두운 밤이 아름다운 이유는
밤새워 희망을 잉태해 찬란한 하루를 꽃피우니

세상이 잠드는 이유
이제야 깨달았어요

— 제부도 등대에서

공존

매일 반복된 습관으로
길들여져 가는 하루를 맞이하고
또 그렇게 하루를 마감하며
인생은 늙어가는 게지

멀지 않은 날
삶에 대견한 입맞춤을 할 때
내 인생이 무엇으로 지탱해 주었는지
내 삶의 중심이 어떤 거였는지
세상은 알까

애증(愛憎)도 관심의 사랑이고
갈등(葛藤)도 관심의 사랑이라
그리움도 관심의 사랑이고
잊으려함도 관심의 사랑이니
더 깊이 사랑하는 아량을 키우고
더 깊이 세상을 배우는 마음으로
너와 나는 투명하게 살자

가진 것 다 벗어 놓으니 이리도 편한 것을

내 마음의 고향에는
네 맑고 순수함이 늘 존재하고
내 창엔 맑고 밝음만 있으니
오늘도 청안(靑眼)의 시선으로
아름다운 세상 짓기에 최선을 다 하시게나

내 시야에서 보이지 않는 세상이라도
너와 나는 함께 숨 쉬고
공존하고 있다는 걸 항상 기억하시기를……

붉은 해와 밝은 달과 빛나는 별을 마주 보며
함께 찬미(讚美)하지 못해도
나의 삶은 너와 함께 늘 공존(共存)하고 있음에
슬퍼하지 않으며 또한 슬퍼하지 말지라
멀리서든 가까이든 늘 지켜보고 있으며
늘 함께 하고 있음을

미라실

세월은 가는 만큼 온다
오고 가는 세월에서
한세상은 가고
한세상은 또 온다

세상에 귀 기울이면
세상이 오는 소리 들린다
세상이 가는 소리 들린다

*미라실: 충주시 동양면 충주댐 끝자락에 위치한 산마을

솟대처럼 살으란다

마음에게 마음을 묻고
길에게서 길을 물어보았지만
그냥 마음에 담아두란다
그냥 길을 가란다

하늘에게 하늘을 물었더니
그냥 하늘만 보란다
밤에게 밤을 물었더니
그냥 어둠만 보란다

솟대처럼 살으란다
그냥 세상을 보란다
그냥 마음에 담으란다
그리고 마음의 그릇을 늘 비워 두란다

대명리 포구의 하루

어둠이 내리는 작은 포구에
푸르른 황혼이 물들어 오면
갯마을 세상은 내일을 위한
오늘을 고요히 잠든다

어부는 쇳덩이보다 무거운 육신을
쓰디 쓴 소주 한 잔으로 달래며
언 몸을 녹이고 마음을 내려놓는다

하루를 헐겁게 풀어헤친 항구는
만선을 꿈꾸던 닻을 내리고 앉아
헤벌쭉 안도의 긴 한숨을 토한다

옛 동산

내 철없던 시절에도
저것들은 그렇게 있었지
덧없이 피어나 얼크러진 잡초들은
녹색의 카페트를 이루고

이끼 축축한 돌 틈에
홀로 피어 난
검붉은 시화꽃
향기 요염해도
홀로이 서러워
삼라만상을 우러러
붉은 황혼에 물들었구나

은색의 한 줄기 샛강
아련히 돌아누울쯤
목쉰 기적을 목청껏 울며

동막역을 달리던 석탄 열차

孤孤한 울음소리 들릴 듯

세상을 모르던 시절 그리워
되찾은 옛 동산엔
회백색 빌딩의 그림자가 길게 드리우고
간데없는 기적 소린 양
어디선가 산까치 목 높여 울어 젖힌다

註) 동막驛 : 서울 마포구에 있는 당인리발전소 부근에 있었던 옛 기차역 이름

돌지 않아야 되는 것

1

인간이 사는 무대 위의
희미한 별빛 아래
흐늘흐늘……
여장을 한 남자인가, 남장한 여자인가
假聲으로 세상을 노래하다
마음이 열리지 않은 群像은
무얼 노래하는지 의미를 모른 채
오로지 노래로만 즐기다
가성의 의미를 알지 못하는 세상은
행복한 미소 짓는다
슬픈 속물들이여

2

빈 들녘에 굶주린 새들은 재잘거린다
그들만의 隱語로 아우성친다
그 내용을 모르는 이들은
세상이 낭만스럽게 보이다

아우성의 의미를 모르는 이들은
황혼의 들녘이 아름답게만 보이다
정신과 마음이, 귀와 쓸개가
온전하게 열리지 않은 이여
배고픈 새들의 아픔을 아는가
애끓는 어리석음이여

3
내가 나를 모른 채
남을 이해한다는 말은
교만의 극치
그들의 씨앗에는 떡잎조차 없는
가난한 알맹이
한 오라기의 뿌리조차 없다
곧 시든다, 아무것 남김없이
참을 수 없는 고통이여

4
어쩌다 棟梁이 된 나무가 있었다
자랑스럽기도 했겠지
그러나 한가운데 옹이가 배기고
밑동은 썩었는 걸
무게를 받치고 지탱하기엔 어려워 벅차다니까

얼마를 버티고 견딜까
딱한 가련함이여

5
하늘 끝으로 날아가는 은색의 비행기를
부러운 눈빛의 깃털 빠진 바보새
새는 힘껏 날갯짓해보지만 제자리에 있었다
날개가 작아서인가
깃털이 명품이 아니어서인가
자신을 자책하며 고민하는 바보새는
까닭을 모르니 답답할 수밖에
가엾은 아둔함이여

6
근면 하나로 평생 살던 개미 중에
분수를 모르는 욕망에 찬 어떤 개미
설탕 독에 빠지다
제 몸의 서른여섯 배나 큰 설탕 덩어리를 물고서
항아리 시울을 수십 수백 번을 돌다가
지치고 지쳐 쓰러지다
삶은 이토록 힘든 거라며
한마디 남기고 하늘을 향해 영원히 눕다
방자한 어리석음이여

7

햇살 바른 양지 뜸에서
제왕처럼 여유를 떨며
호령하던 하룻강아지 닮은 황소개구리
배고픈 매의 눈을 감춘 소리개의 꼬임에
으랏차차 어여찻차!
드높은 세상 구경에 황홀한 비명
짧은 순간의 세상, 모두가 내 것 같았지만
단 한 번의 오만함으로 생을 마감하다
안타까운 교만함이여

8

해 뜨고 지는 순리를 알면서
순리를 역행하던 인간을 닮은 인간이
앞으로 넘어져 뒤통수가 터지다
인간들은 그를 동정하지 않는다
하지만 안타까워한다
이만팔천 번이 넘도록
뜨고 지는 태양을 보고도
순리를 깨닫지 못하는
어리석은 방자함이여

9

포근한 겨울, 한 차례 비가 오다
어쩌다 멍청한 꽃이 망울을 트다
향기를 발산하려 애를 썼지만
새하얀 눈꽃 천지의 세상에
벌 나비 반 마리조차 날아들지 않는다
오래 살다 보니 별꼴 다 본다는
명언 한마디 남기 우고
한 개의 씨알도 남기지 못하고 지다
값없는 희생이여

10

잔설이 녹다
드맑게 흐르는 개울
투명이 비추는 내 얼굴
눈 위에 코가 붙어있는가 했더니
코 위에 입이 붙어있다
아무리 보아도 내 것 같지 않은 내 것
南風에 이는 波紋에
고통스레 일그러지는 모습
생김의 변화가 무상해도
그것은 분명 내 것, 내 얼굴
外樣이 어떠하든

변하지 않아야 하는 단 하나의 것
內樣의 모습
의연한 당신이여

11
예성장터 한 모퉁이
자전거를 개량한 오토바이
그 위에 올라앉은 네모난 닭장
라면 박스만 하던가, 조금 크던가
좁은 숨을 헐떡이며 닭의 놀란 눈깔이
얼음판에 넘어진 소눈깔보다 더 슬픈
삶의 고달픔을 엿보다
닭장수 노인은
담배냄새에 노랗게 찌든 손을
구린내 역겨운 입김으로 녹이며
닭 모가지를 비틀어 잡는다
골 깊은 주름에 쌓인 삶의 애환에
뜨거운 눈물이 솟고
보기조차 애설픈 세상이여

12
어허!
끓는 기름 속에서도 개구리가 헤엄치다

발버둥 치다가 두 다리 쭉 편하게 뻗더니
두 번 다시 오므리지 않는다
사람들은 뭐에 좋고 장수한대나
한 마리 바삭바삭 씹어 삼키다
무슨 맛인가
삶의 맛인가
양심의 맛인가
당연한 약육강식의 논리인가
아, 난 대답 못 해!

13

세상은 대칭과 대칭 속에 이루어지다
삶과 죽음
남자, 여자
승자, 패자
의사, 환자
대칭 또 대칭……
돌고 돌아도 절대로 돌지 말아야 하는 것
돌고 돌아도 결코 돌지 말아야 하는 절대의 것
부끄럼 없는 한 점의 良心

註) 예성장터 : 충주시 예성공원 內 재래시장. 지금은 없어졌다.

제2부
봄의 연가

길상사의 봄 1

고요한 산사에
봄이 지저귄다

햇살 가득 품은 꽃비가
봄바람에 흩날릴제

풋과일 닮은 봄이
수줍어 밝그레 웃는다

정 두고 가버린 첫사랑 같이
오는 듯 가버린 봄날

길상사의 봄 2

고요한 산사에
스치는 바람이
속살 같은 꽃잎 떨구고
가슴속 파고드는 날

대추차 한 잔으로
마음을 데우고
옛 사람과 정담을 나눌제
흘러버린 아련한 기억은
신록의 연둣빛 파스텔

꽃잎 편지로
그리운 사연 가득 적어
저 하늘에 띄우면

내일쯤
그대 곁에
향기로 다가갈까?

동백꽃 피는 여수항

봄이 그리워
설레는 새벽
첫 열차에
몸을 싣고
달려온 여수항

눈시린 햇살
푸르른 하늘
비릿한 파도

가슴에 묻어 버린
그래서 더욱 붉은
동백꽃

餘情의 그리움마저
뚝 떨어지고 마는
붉은 동백이여!

텅 빈 가슴일랑
여수 밤바다에
덩그러니 띄워놓고

어둠 헤치고 떠나는 情
막차에 두고 온 마음
다시 오마 새끼손 걸고
떠나 온 여수항

경복궁의 밤

경복궁에
밤이 내리면
화려한 조명에
조선 왕조 500년 역사가 살아 오른다

차가운 꽃샘바람이 매섭게 부는 밤
경복궁의 경회루는 화려한 불빛으로
옷 갈아입고서
한 많은 역사를 꿈꾼다

장애인들에게 야간 나들이는
또 다른 홀로서기이다
한 걸음 한 걸음 더디지만
달리는 사람보다 더 값진 발걸음이다

달리는 이는 앞만 보고 달리지만
한 걸음 더디게 가는 이에게는
작은 돌맹이도 만날 수 있고

푸른 하늘의 별을 볼 수 있어 좋고
풀 한 포기조차 마주할 수 있어 좋다

달빛 찾아 떠난 여행길
매서운 바람도 만났고
찬란한 500년 역사를 만났고
따끈한 한 잔의 차도 만날 수 있어
넉넉하게 좋은 밤

이별노래

지금
목련은
이별하고 있다

고결하게 피었다가
화려한 봄날을 허망이
이별하고 있다

꽃잎이 뚝뚝 떨어진다

지금
목련은
연둣빛 봄날과
이별하고 있다

목련의 촛불로 밝힌 봄날

눈부신 햇살
초사월 푸른 하늘
그대를 정녕 보내기 서러워……
촛불 밝혀 기도하는 자목련은
4월을 더 푸르게 기도하겠습니다

그러나 이별입니다
순간의 익어가는 상태를 간직한 채 이별입니다
의연하게 이 순간을 가슴에 묻고
잊으라 하시면 정녕 잊겠습니다
목련의 촛불로 밝힌 봄날을
잔인하게 가슴에 묻어 잊겠습니다

봄 노래

봄은
햇살 바른 양지 모퉁이에
쪼그리고 앉아서
꿈을 꾸고 있을 게야

지금쯤
민들레가 꽃 피고 싶어
연노랑 리본을 달고
발을 동동 구르고 있을 걸

나비는
가늘게 실눈 뜨고
팔랑팔랑 날갯짓 연습에
땀을 뻘뻘 흘린다고 하네

어쩜
버들개지는
샛눈 트고 솜털 사이로

세상 소리에 귀대고 있을 걸

들녘 초목은
파랗게 재회할 기대에
콩콩 뛰는 가슴 설레며
손가락 꼽고 있데

꿀벌들도
꽃향기 그리워
근질대는 날갯죽지 붕붕 울다가
몸살이 났다네

그뿐이겠어?
할미꽃이랑
제비꽃이랑
걔네들도
연보랏빛 수줍음 감추고
더 센 햇살 비추어 달라며
꽃향기 가득 머금고 있다네

영산홍
이 넘도
선홍빛 꽃 자랑하고 싶어

물을 흠뻑 빨아올렸데

지금
청보리는
언 땅을 입김으로 녹이고
뾰쪽이 뚫고 올라와
사알짝 공기의 간을 맛보고
씩 웃고 있을지도 모르지

시샘 추위
아무리 심술부려도
곧
봄이 올 터이니
가슴 벅찬
이 설레임

상추와 대화

봄
눈 시린 햇살
싱싱한 초록이
보기조차 탐이나
널 뽑아들었다

그윽한 풋향기
소담하고 여린 살결
차라리 숫어린 처녀 같아라

살오른 보리밥 한 덩이와
할아버지 맘 같은 된장으로
너를 감싸 안으니
어절씨구~

네 향이 좋아라
네 풋내음이 좋아라
풋풋한 네 체취는

봄 향기 봄덩이로구나

구수한 흙내음 퍼지고
봄날이 은은히 익어 가면
시울에 보랏빛 물들인 너는
수줍어 살며시 입가린 채
부끄러 나도 몰라라……

봄날

햇살은 창을 여과 없이 들이치더니
마음을 흔들어 깨운다

방황의 늪에 빠진 어둠에서
움직이길 거부하는 나를
또 다른 내가 일으켜 세우고 달래본다

겨우 설득을 당한
또 다른 자신에게 이끌려
눈시린 세상에 나왔다

세상은 저리도 고운데
햇살은 저리도 밝은데
봄날은 저렇게 어여쁜데……

산자락 봄날

봄이 말없이 떠난 줄 알았어
그래서 작별이나 하려 뒷산에 올랐지
그러나 뒷동산에 봄은 시작이었어

눈 시린 햇살은 연두빛 신록을 보듬고
늙은이의 기억을 추억하는 자양분되고
빈 가슴에 그리움의 강물이 되었지

당신은 봄날을 야속하게 떠났지만
나의 봄은 아직도 꿈꾸고 있었어
푸른 햇살 머금은 산자락에 꿈꾸고 있었어

꽃마리에게 전하는 말

하도 작은 소리를 듣지 못해 그냥 지나칠 뻔했지
보고 싶다 그립다 외쳐도 땅 아래로 메아리쳐
모든 이들은 당신의 외로움을 알지 못했어

당신의 마음 헤아려 늘 마음 열어두고 지샌 밤
오늘도 달빛으로 태어나고 별빛으로 태어나서
내 노래 바람결에 띄워 당신 곁으로 보냈어

들리니?
널 향한 내 간절한 기도 소리가

봄날 이야기

아직도 기억합니다
안녕하며 떨리는 여린 손으로
내 손을 잡던 그날이
마지막 작별인 줄 알았죠

지독하게 몸살을 하고
가슴에 묻었던
꽃씨 하나가

봄바람 타고
싹을 티우고

가슴 한켠에
뿌리를 내리더니

당신 손바닥 같은
여린 잎으로 태어납니다

이별
그것은 헤어짐이 아니라
새로운 시작입니다

산당화 연가

붉다 못해 빨갛게 달아오른 당신
어제 오붓한 산자락 길섶에서
붉게 기다려 주시어 참 반가웠다요

짓궂은 소나무 녀석이 송진 질질 흘리며
당신을 열렬히 흠모하는 것도 모르고
당신에 반하여 열심히 셔터를 눌렀다요

시샘한 녀석의 송진을 흠뻑 뒤집어 쓰고서
비로소 정신이 들었을 때 이미 늦었다요
아차차차……

내의 애기(愛機)도 송진 범벅이 되었구려
그래도 당신을 만나 어절씨구 즐거웠다요

신록(新綠)

햇살 머금은
어린 이파리가
봄바람을 타고 팔랑대며
철없이 까불고 있다

어린 나뭇잎이나
하룻강아지나
철없는 행동은
아이같이 천진하기 그지없다

제3부

여름 연가

紅蓮 연가

신비로움 품어 않은 고고한 자태
널 눈에 담아 가슴으로 안았다

봉그는 꽃심 분홍빛 수줍음에
바르르 떨리는 설레이는 가슴

떨리는 손끝으로 옷고름 풀어
마른침 삼키던 첫날밤 같은

당신의 모습 닮은 신비로움에
온 마음 빼앗기는 아름다움이여

산자락 길에서

빗줄기 세차게 지나간 자리
뭉게구름 눈 시리게 피어올라
더욱 푸르게 빛나는 신록

아리따운 새악씨마냥
수줍은 듯 고고한
도라지꽃
지조 높은 귀족 같아
눈길이 멈추어 버렸다

인적도 없는 산자락에
뉘 보아주고 알아주지도 않아도
스스로 피어나
제풀에 아름다움 뽐내니
네 요염함에 내 시선은 넋을 잃었다

뉘 보아주지 않아도
뉘 알아주지 않아도

아름답게 피어난 정성에
마음 다하여 당신을 사랑하리니

지혜를 배우고
순리를 깨닫는
자연에 감사하며

콧등을 스치는 바람에
감질 나는 아쉬움 같이
천천히 아주 천천히
자연 닮는 연습을 흉내 내며
세상을 배우노라

개망초 연가

산에도, 들에도, 길섶에도
여기저기 함부로 피었다고
미움받아 이름마저 개망초

초근목피로 연명하던 시절에
배고픈 소작농의 진을 빼도록
피어났다던 웬수 같은 개망초

나라를 잃었을 때는 고향 그리워 망국초
보릿고개 땐 못 먹는 풀이라서 미움받아 망할 놈의 망초
이래 미움 사고, 저래 미움 사 서러워 하늘 우러르던 개망초

홀로 피고 지기 외로워
함께 피고 지니 서러워
무리 되어 살고 지고 어우러진 개망초
세상에 버림받고도 아름답게 피어난 개망초

능소화

뜨거운 햇살
후끈하게 달아오른 대지 위
소나기 한 줄금 지나간 오후

님 기다리다
애타는 마음으로 담장 너머
화려한 꽃으로 피어났구나

어여쁜 소화야
하룻밤 머물다간 님 향한
마음 태우고
애간장 녹이다
끝내는 그 마음 담장을 넘었구나

기다리다 기다리다가 끝내는
맺힌 한 서러워 독을 품으니
아서라, 말아라, 네게 다가가기 힘들구나

가없는 네 넋 달래 하늘은
뇌성벽력으로 외치다가
한 줄기 소나기 되어
이슬로 영롱하구나

성하의 창

창은
세상을 보는 거울이요
마음이 노니는 공원

창은
어항 속의 붕어인 양
온갖 물상이 살아서 헤엄을 친다

와-아이들 소리
애-아낙들 소리
앵-날벌레 소리
온갖 소리가 살아 있는 창은
소리통

창은
세상으로 통하는 문
이 계절로 향하는 비상구

창 너머 하늘로 나가면
햇살에 하얗게 익어버린
뭉게구름

나래 홀랑 벗어던진
철없는 조각구름은
푸르른 하늘에 빠져
두리둥실 떠가는데

심산유곡으로 숨어버린 바람은
잠들은 양 간데없고
초목은 더욱 푸르기만 한데

성하의 한낮
손 뙈기만한 창으로 들이치는
한 줄기 불덩이 폭양

혀를 길게 내민
선풍기도 지친 듯
털털털

제부도 가는 길

아침 햇살 끝으로 이어진
시린 바람 끝없는 바닷길

터덜터덜 끝까지 가보니
망망대해 서성인 내 모습

돌아보지 말자고 약속한
다짐으로 이 세상 끝까지

달려가자 달리자 달려라
가다보면 웃는 날 있으리

이슬의 눈물

어스름해지는 하늘
후드득, 후드득……
때린다, 빗방울이 때린다
창문과 거리와 도시를 때린다
찌든 세상의 종아리를 때린다

하늘은
노기 띤 살쾡이 눈으로 번쩍이며
지핵까지 뒤집을 굉음으로 꾸짖는다
호령한다

졸지에 벗겨지는 가면이 부끄러워
마침내 통곡하는 도시의 속살
솨-아! 괄괄괄, 똑똑똑……
투명하고 연약한 물방울이
이토록 사나운 회초리된 까닭을
우리는 아직도 깨닫지 못한다

나만의 모양
나만의 향기
유일한 자신의 틀
그 틀을 고치려 애쓰는 어리석음으로
향기 없는 꽃으로 가면을 쓰고
이리저리 춤을 추다가
갈피 잃은 가엾은 군상들

꿉재기 찌든 세상을
매정하게 쓸어간 빗물은
새로운 세상
내 미래
우리의 꿈

하늘 저편 뚜껑이 열리더니
줄기찬 햇살이 구름 사이로
한 움의 환희를 동반한 채
찬란한 서치라이트를 쏜다

빌딩 너머 무지개 걸리고
하늘이 빨갛게 웃을 때
도시는 본연의 모습으로 번쩍이며
하루가 긴 한숨을 토하고

땅에 눕는다

이슬은
매끈한 잎새 위에
투명한 구슬로 곤히 잠든다

세상은
새로운 미래를 위하여
꿈꾼다

YOUNG을 위한 노래

뜨락에 만개한 초목과 함께
어여삐 서 있는 볼 하얀 영아야
차라리 너는 한 송이 꽃이어라

이슬을 머금은 튤립보다
더욱 더 청아한 너의 모습은
정원을 위하여 탄생한 화신같아라

이슬을 머금은 채송화의 수줍음으로
너의 두 볼은 연분홍 행복이 머물고
탐스런 입술은 앵두알 같아라

한낮 햇살은 너만을 위하여
뜨겁게, 뜨겁게 타오르고
줄기찬 소나기 지나갈 때
더욱 더 짙푸른 싱싱함을 자랑하니

한날 피고 지는 순간에 머물지 않고

향기를 간직한 훗날의 알찬 씨앗으로
화려한 날을 꿈꾸는 열매이기를 기도한다

샘마을 아침

물 맑은 샘마을
눈 시린 햇살은
구룡산 새벽안개 거두고
아침을 깨우는 빼꾸기

샘마을로 나도야 간다
희벌떡 달려 나오는 태양
헤멀쑥 웃는 해바라기

뜨락의 붉은 봉숭아
붉게 타오를 때
풀잎 끝 이슬은 뾰족이 빛나고

갓 길어 올린 냉수 한 잔에
얼어붙은 뱃속
상쾌한 입술

노랗게 익은 오이지랑

약오른 풋고추 한 보시기와
보리고추장 한 종지

이 아침
모두를 말갛게 씻어
밥상에 한 아름 올리면
여름은 풍성해 좋으리니

탄금대

7월
뜨거운 한낮
천년의 역사를 간직한 탄금대를 오르니
매미는 무엇이 그리 서러운지 목놓아 울어대는데

우륵의 가야금 소리 간결하게 들릴 듯하니
탄금대를 돌아 고요하게 흐르는 남한강에
고목의 솔향기만 가득하여라

열두대 바위에 우뚝 서서 왜병을 호령하는
신립 장군의 시퍼런 호령이 들릴 듯 아련하고
합수머리 우러러 은물결은 물비늘로 반짝이는데

아!
천년의 의구한 세월은 간 곳 없고
그날의 그 자리엔 변함없이 하늘만 도도하게 푸르구나

선유도 야생화

무더운 한낮
폭양이 작렬할수록
草花는 더욱 자태를 선명히 드러내고
자신을 뽐내며 자랑한다
그럴 때면 더욱 작아지는 이 몸 어이할꼬

감춤도 숨김도 없이 자신을 드러낼 수 있는
용기가 있다면 저 草花들 같이 아름다우련만
가식의 옷을 입고 거짓으로 화려한 치장을 한
자신에게 부끄러운 반성을 하니
야생화가 함초롬히 빛난다

또 하루를 마감한다
산다는 것, 나이가 먹는다는 것은
부끄러운 자신을 감추는 要望에 불과하다
오늘 하루도 자연에게서 배우고
草花에게서 배우고 반성하노라

대진항

붉은 등대만 우뚝한 대진항
햇살은 중천인데
인적조차 없다

아니, 인적이 없는 게 아니라
첫 새벽 대박을 꿈꾸고 떠난
통통배를 기다리고 있는 게다

뱃고동이 잠든 지금은
만선을 꿈꾸다 지친
시름의 시간뿐이다

해 질 녘 부둣가에는
머리가 하얗게 센 늙은 청년들이
바다와 싸우는 거친 함성으로
삶의 비늘이 펄쩍 튀어 오른다

어촌에 늙은이는 없다

머리가 하얗게 센
주름 깊은 청년뿐이다

대진항은 싱싱히 살아있었다

제4부
가을 연가

秋日抒情

햇살 가득한 길섶
가을을 흠뻑 머금은 남천은
붉은 여의주를 낳았고
온 마음 열어 세상을 바라보니
새옹지마로 사는 인생사

붉고 푸르게 멍이 들은 담쟁이
담벼락 기어올라 지나온 굽잇길
삼라만상으로 바라보니
꿈같은 길 아득하여라

— 목동 열병합발전소 길에서

만추

꼭꼭 숨기고 숨겨
남몰래 익은 그대여
수줍게 붉게 익은
순간의 그대를 사랑합니다
그대 마음 감추지 마오

오늘을 기다려
봄에 꽃 피우고
뜨거운 여름 인내하여
마침내 잎새도 멍들이며
품은 씨앗
햇살에 붉게 익으면

그대 사랑
고이 간직하여
무서리 내리기 전
가슴에 고이 간직하소서

나 또한
그대를
내 눈 속에
고이고이 간직하리니

낙엽을 태우며

가을 끝자락
밤새운 바람에
미련 없이 버림받은 그대는
앙상한 낙엽

간절한 인연으로
모질게 견디다가
떠나야 하나
또 다른 인연의 시작은 어디이고
또 다른 작별의 끝은 어디인가
그리고 어디서 무엇으로 또 만날까

골짜기 개울가에
파리하게 떠가다가
투명한 여울목에서
마음 쉬고 바라보는 해 질 녘

흘러가는 아련한 기억들

차곡히 쌓여진 빛바랜 추억을
낙엽 하나하나에 실어
갈무리하는 10월 오후

보랏빛 들국화 너머
끝닿은 시선
파랗게 높은 하늘 저편으로
파고드는 그리움

그토록 뜨거웠던 여름을
온전하게 견뎌왔던 이파리
이제는 앙상하게 불을 지피고
연기로 피워 올라
까맣게 태워버린
내 마음

달빛 소나타

길 떠난 달은
어스름 하늘 멀리
푸른빛 여정을 떠나
중천에서 웃는데

내 손 가득
당귀 쥐어 주던
그날의 추억

아직도
당귀향 진하게
묻어나는 산 고을에
달빛 타고 흐르는
노래 한 소절

별빛이 달빛인지
달빛이 그대인지
분간 없는 그리움이

어둠 타고 흐르는 빛줄기 하나

밤새우던 별빛도
졸음으로 가물가물
아롱질 할 때

마음은
너를 향한
긴 질곡의 강 건너
조각배 띄운다

푸른 갯벌

물새조차 떠나버린 황량한 바닷가
언제나 소리 없이 들어온 밀물은
말없는 작별의 썰물로 또다시 떠났다

약아빠진 방게가 까맣게 몰려와
철없이 철퍼덕 뛰노는 짱뚱이를
요리조리 비웃듯 우롱한다

썰물로 떠나보낸 바닷물 그리워
갯벌은 기다림으로 퍼렇게 멍들어
푸르른 그림자로 외롭게 빛난다

— 대명리 갯벌에서

강가의 아침

밤새워 떨던 낚싯대를 냉정히 비켜 앉아
이슬에 젖은 나른한 긴 기지개를 켜고
찬란한 여명을 맞이하는 새벽 강가

고요 속에 잠들었던 배고픈 물새가
수면으로 낮은 비행을 자랑할 때
풀 향기 아름 섞어 마시는 이 아침

하루는 가고 다시 오는데
계절도 가도 다시 또 오는데
영원히 오지 않는 애끓는 시간

찬바람은 헝클어진 갈대를 쓸어 올릴 때
빛바랜 시간을 미끼 꿰듯 가지런히 엮어
강가에 앉아 지나간 시간을 낚는다

— 달래강에서

충주호

달빛 닮은 달맞이꽃
밤이면 노랗게 산야를 물들이니
노을에 젖은 억새는
밤새도록 바람에 부대끼며
애설픈 전설을 이야기할 때

산모롱이 길섶 벼랑 끝
억새는 密語로 흐느끼다가
호수에 잠긴 물비늘로 산산이 부서지고

구름이 실어온 애틋한 이야기로
눈시울 붉게 물들인 하늘은
허공에 빈 메아리로 맴돌아서
무심히 달빛으로 흐르니

저녁놀 붉게 물든 호수는
바람이 전하는 간절한 속삭임
골짜기 굽이굽이 들려주는데

구구절절 그 모두 담아 두기엔
내 가슴이 너무도 작고 모자라서
끝내는 폭포로 쏟아져 내리는 그리움

— 충주호 서운리 가는 길

갈잎의 노래

먼 산 아지랑이 피던 날
나의 피막을 고통스럽게 뚫고
그대가 어여삐 태어난 날

투명하게 흐르는 골짜기의 냇물은
우리를 싱싱히 피어나게 하는
헤모글로빈이요, 아미노산이었지

불타는 여름 햇살에는 아량을 키우고
동짓달 북풍한설에는 인내를 배우니
그 어이 당신에 감사할 일이 아니던가

내 몸이 떨어져 바람에 몰리고 쫓기어
푸르던 모습, 멍들고 빛바래 아스러져도
너와 나는 과거와 미래의 시간 속에서
영원히 살자

그대여

바람 부는 대로 흩날림을 서러워마오
내 아래 떨어져 한 알의 흙이 된들
그것은 영원한 이별이 아니라
나를 키우는 자양임을 몰랐던가
여름 태양보다 더욱 뜨겁게 살랐던 사랑이
아직 식지 않은 까닭은
파랗게 재회할 그날이 오면
다시 꽃 피울 수 있는 點火油가 아니런가

구르는 갈잎이여
떠도는 나의 이파리여
네가 가는 곳에 내가 있고
내가 있는 곳에 네가 있으니
앙상히 떠나도 우리는 언제나 한 몸이야

가을 단상 1

뒤뜰 평상에 널린
탐스런 붉은 고추

지붕 위에 걸터앉아
금방 터질 것 같은 호박

노랗게 쪼그라지는
맷방석의 무말랭이

싸리 담쟁이 너머
아이들 밤 따는 소리

눈시린 햇살에
빛나는 감나무 이파리

한가로이 졸고 있는
닭 쫓던 얼룩이

툇마루 밑에
신발 베고 잠든 냥이

울타리 너머 들깨 터는
도리깨의 휘파람 소리

붉은 햇살에
노을진 하늘가

가을이
누렇게 익는다

가을 단상 2

여름을 뜨겁게 살랐던 태양은
넉넉한 햇살 담은 바람이 되어
가을을 넉넉히 살찌우고

지나간 추억을 알알이 담아
터질 것 같이 영글은 포도알
달콤한 향기로 가득 채웠다

끝없는 코스모스 들판을
마음껏 우롱하는 고추잠자리가
하늘을 유영하듯 수를 놓으니

기어이 보내는 여름이 서러워
목놓아 울던 구슬픈 풀벌레 소리가
가을을 더욱 재촉한다

가을 단상 3

도시의 숲은
매연과 소음 속에서 고요한 세상을 꿈꾼다
아스팔트 틈에서도 야생초는 생존을 위한 희망을 꿈꾸고 있다
그러나 우리는 그 희망을 알지 못한 채 지나 간다
조금만 돌아보면 삶이 여유로워질 터인데

도심의 숲은
척박한 세상을 사는 현대인의 마음의 고향이다
무덥고 잠 못 드는 열대야의 연속……
기록적인 장맛비에 울고 기록적인 가뭄에 또 우는
갯마을 바다는 녹조까지…… 사나운 계절에 멍든 가슴
그러나 계절은 어김이 없다

벌써 꽃들은 가을을 재촉하지만
한낮 햇살은 여름의 끝자락을 부여잡고서 인정사정이 따갑다
그래도 계절의 오고 감은 어김이 없다

새벽이면 이불을 찾고 따듯한 차가 그리운 계절

산자락 너머 서쪽으로 해가 기울고
아파트 창가에 놓인 화초들은 사랑을 듬뿍 받아 사시장철 푸르게 행복하다
도시의 척박한 건물에도 학마을이라는 자신의 이름을 갖고 있다
그러나 저 넓은 하늘 언저리는 이름을 갖지 않아도 늘 푸르게 빛난다
한가로운 산책로 뒷담길에는 정성어린 손길로 붉은 고추는 알뜰히 갈무리 되어가고
아파트 한켠에 널린 호박은, 눈시린 햇살에 바짝 여위어
동짓달 긴 겨울 뉘 집 식탁에 솜씨 좋은 반찬으로 풍성하게 오르리……

지금, 정녕 가을이 오고 있는 거지?
불볕 여름을 시퍼런 몸으로 견디며 인내하더니
가을을 꿈꾸던 붉은 포도알은 터질 듯 익어 단내음 흠뻑 머금은 그때 그 사랑을 닮았고
담벼락 담쟁이는 아직도 철없이 푸르게 제 세상이다

봄과 여름내 꽃 피우던 인동초 역시 햇살에 아직도 붉게 피어나 향기를 머금고 있다

콘크리트 담장 틈으로 모질게 뿌리를 내린 이름 없는 들풀도 숭고하게 아름답다

산책로 모퉁이에 누군가 심어놓은 토란이 싱싱하게 잘 자라고 있다

알뿌리는 추석상 토란국으로 줄기는 밥도둑의 나물로 변신하여 어느 집 밥상에 오르리니……

도로 길섶에도 매연과 흙먼지 뒤집어 쓴 채 초연히 피어 난 코스모스 한 무리

바람에 흔들려도 꺾이지 않는 연약한 꽃 그대 이름은 코스모스

태양이 뜨거우면 뜨거울수록 빛깔 고운 꽃으로 견뎌온 당신

여리고 연약할수록 더 강하게 견뎌온 당신은 이 땅의 어머니 같아

뜨거운 햇살을 견디고 인내해야 고운 빛을 내는 어머니 꽃

과일도 가뭄에 시달리고 강한 햇살을 이겨내야 더 깊은 맛을 담거늘

요즘의 우리네 아이들은 살집만 불리운 온실 속의 화초 같아 느끼는바 크다

누가 알려주지 않았음에도 꽃들은 계절을 안다

가을이 시작되면 어김없이 피어나는 연보랏빛 쑥부쟁이
보랏빛 두드러지지 않는 아름다움이 청아한 마음의 고향을 닮았다
여름내 피고 지던 꽃들은 아직도 꽃을 피운다
한줄기 나리꽃은 마디마디를 피어선 지고 질기게 모진 여름을 잘 견뎌왔다
꽃을 다 피우고도 대궁은 아직도 건재함을 뽐내는 모습이 대견하다

도심의 숲은
마음의 고향을 만날 수 있어 늘 고맙다
구르몽이 숲속을 걸으며 시몬에게 낙엽 지는 소리가 좋으냐고 물었던 것처럼 마음의 고향에게 묻는다
이 길이 좋으냐? 너는
꿈길로 이어지는 이 길은 마음의 고향을 찾아가는 길

밤새 불던 비바람에 떨어진 파란 갈잎은
맺지 못한 상수리를 안고 산책로 길섶에 뒹굴고 있다
내겐 갈 수 없는 나라 꿈속 같은 숲으로 이어진 오솔길
그러나 바라볼 수만 있어도 좋은 황톳길

어제는 강이지풀 하나 물고 집에 들어서니 소년 같단다
난 머리가 하얗게 센 피터팬이고

마음은 유리벽 같아 언제 깨질지 모르는 중년의 소년이라는 걸
그대는 아직도 모르시오?

도시의 석양은 외로워 더욱 고즈넉하다
붉은 신호등의 지시에 멈춘 짧은 몇 초간의 고요함
몇 초의 시간이 사라지면
도시는 아스팔트와 자동차의 마찰음으로 밤새도록 울어댈 게다
가로등 불빛에 잠들지 못한 매미와 풀벌레 울음소리가 소음이라고 매스컴은 보도한다
강한 가로등 불빛으로 잠들지 못하는 도시의 매미들과 곤충들
그리고 풀벌레의 아우성을 사람들은 이해하지 않는다

땅거미 내려앉을 시간이지만
도시에는 내려앉을 땅거미가 없다
그래도 도시는 가을을 꿈꾸고 있다

허수아비

찾아오는 이 없고
알아주는 이 없는
끝없는 들판에 홀로서서
낮에는 바람소리와 대화하고
별밤에는 풀벌레 수다로 지새우며
비 내리는 서러운 날이면
개구리가 달래주는 합창으로
온전히 지켜온 나날들

이제는 닳고 부스러져
껍질만 앙상히 남았어도
마음 쉴 곳 넉넉한 歌客 되어
알알이 틀어박힌 풍성한 들판에
이름 없는 잡초와 얼크러져
바람이 전하는 세상사와
풀벌레가 불러주는 노래를
즐거이 듣기만 했었지

뉘 아는 이 없고
알아줄 이 없어도
부끄럼 없는 삶이라면
그 얼마나 떳떳한 일인가
무엇을 바라
무엇을 범했던 것 없어
미진만큼의 애증도 갖지 않은
삶

홀로 살아
아는 이 없고
알아줄 이 없어
뉘 울릴 일 있지 아니하니
울 일 또한 없어
그 얼마나 행복한 삶인가

하늘 끝으로 날아가는 참새 무리를 향하여
해진 밀짚모자를 바람에 흔들어 배웅할 때
노을 진 태양이 크게 하품한다

여름과 가을 사이

여름과 가을쯤 사이엔 어떤 계절이 있을까
그 계절을 표현할 수 없어
신은 색으로 표현했나 보다

자연만이 표현할 수 있도록 하여
신은 계절의 이름을 일부러
붙이지 않았나 보다

여름과 가을 사이 이름을 얻지 못한 계절
이 계절에 쌓이고 쌓이는 그리움이 끝내는
가을이라는 화려함을 만들었나 보다

그리움을 채곡채곡 쌓아 가을을 만들어
끝내 신은 이 계절을 화려하게 장식했나 보다

다시 올 수 없는 먼 길을
화려한 기억으로 채색하여 감추었나 보다

계절은 가고 다시 또 이렇게 오는데
내 안의 그리움은 그래도 채울 수 없다

계절이 그리운 게 아니라 사람이 그리운 게다

남당항

홍성의 남당항 가는 길
바닷가 길섶에 만개한 코스모스 길을 따라
실낱같은 바닷길은 푸른 하늘 끝닿은 나라

눈에 비친 세상은 찬란하기도 하여라
세상은 보는 이의 마음속에 있거늘
이만구천 날을 깨닫지 못하는 아픔이여

남당항 비린내 가득한 바닷가에도
해가 저물어 하루가 진다

고막을 터뜨릴 것 같은 스피커 소리에
열광적으로 환호하며 밤은 무르익는다

갯벌은 어둠 속으로
내일을 위해 피곤한 오늘을 잠든다

— 대하축제에서

난지천 가을

하늘공원에 강바람이 차갑게 불어오면
여름을 떠나보내는 억새의 흐느낌으로
풀벌레 사랑의 밀어가 밤새 속삭인다

높은 하늘이 황혼으로 서럽게 물들면
으악새의 흐느낌에 떠나기 서러운 이별

애처로운 계절의 끝자락을 부여잡아도
매정하게 여름은 속절없이 떠났다

제5부

겨울 연가

파도

파도가 밀려와 하얗게 부서지는 절벽에는
밤새워 부르짖는 외침도 삼켜 버리고
또 다른 파도가 물거품으로 그 위를 덮어 버렸다

쩍쩍 붙는 雪氷의 칼바람이 부는 영하의 1월은
뜨거운 가슴에서 36도의 그리움으로 펄펄 끓고 있었다
아직도 이 가슴 뜨거운 것은 간절한 삶이 남아있기 때문이다

검푸른 파도가 하얗게 포말져 부서지는 이유는
끊임없이 자연을 만들어 내기 위한 몸부림이라
죽어도 다시 사는 파도의 몸부림은 새로운 생명이다

— 정동진에서

겨울밤

머얼리
개 짖는 등시린 외침에
별빛도 놀라 진저리치고
찹쌀떡 메밀묵 장수의 간절한 외침에
밤은 깊어만 가는데

밤을 잃은 눈동자는
충혈로 밤을 몸살하고
욕망에 고픈 가슴을
허기로 채운다

겨울로 가는 바람이
아린 상처를 남기고
굶주린 가슴은
그리움으로 고프다

유리처럼 깨어진
마음의 상처는

깊이 아려오는데
秋夜長 북풍은
裸木에서 목놓아 울다가
白雪로 내려앉고

밤새운 책 속의 글들은
깨알 같은 점으로 다가오더니
채울 수 없는 욕망의 허기로 가득 찼다

굶주린 야수의 눈동자로
여명에 표효하는 야수의 외침이
밤새운 침상에 쌓여 뒹군다

동검리 갈대밭

하루를 마감하는
긴 그림자가 붉게 빛난다

바람도 얼어붙은 초지대교에는
햇살만 서럽다

붉은 노을 길 끝에는
또 다른 내일이 잉태되고 있다

갈대는 칼바람에 울고 있어도
정녕 꺾이지 않는다

당신은 아직도 모른다
갈대가 우는 이유를

갈대

밤새 내린 눈을 툭툭 털고
태연하게 일어서는 갈대는
오히려 바람을 달래어 재운다

헝크러진 갈대숲을 지나면
포말져 부서지는 푸른 바다가
서럽게 갈대를 유혹한다

북풍한설 칼바람에 베인
갈대는 흐느껴 울어도
결코 눕지 않는다

— 동검리 갈대밭에서

네 생각

수평선 너머로 이어진
새파란 바닷길 하늘 끝

무수히 내리는 눈보라
은세계 서성인 내 모습

잊자고 다짐한 맹세에
가슴속 파고든 네 생각

— 동검리 선착장에서

매바위

황혼에 물드는 바닷가
슬픈 전설을 간직한 매바위

쇳소리로 우는 갯바람에
바닷물은 싸늘히 얼어붙고

시퍼렇게 멍든 파도는 철썩이다가
바닷가 바위로 장승 되었나

집 떠난 매는 돌아오지 않아
목 메인 빈 둥지만 애타는데

해도 잠든 어둠이 내리면
칼바람만 서럽게 우는데

— 제부도에서

석양

하루를 마감하는
붉은 해를 마주하니

당신은 수줍게 붉히며
내일을 기약하고

다시 오마, 아쉬운 손짓에
고요한 파도는 웃는데

해 저문 바닷가에
꽁꽁 언 물새의 종종걸음
재촉하는 귀갓길

마음의 고향
찾아가는 길
아득히 멀기만 한데

— 제부도에서

겨울바다에 앉아서

돌지않는 풍차는
얼어버린 바람에
목이 메어 우나봐

얼어버린 바람은
내 맘마저 울렸어
그렇지만 안 울어

세상살이 매워도
살다 보면 즐거워
살다 보면 재밌어

제6부

내 마음의 고향

그리움

갈매기 날으는 바닷가에서
잊혀진 시간으로
마음이 여행을 한다

부서진 햇살 조각 하나하나에
지나간 기억을 모아
외로이 떠나는 갈매기 편에
마음 실어 소식 전하면

어느덧 황금빛 물비늘은
그리움으로 아련히 빛난다

강마을

어머니 가슴 닮은 강마을
맛깔스러운 음식 솜씨는
어진 마음 닮은 당신

강마을 언덕 위에
포근한 초가집 지어
네 이름으로 간판 짓고
창 넓은 식당 만들어
황금빛 햇살 가득히 담아
식탁 위에 올려놓고

물비늘 가득한 곳에
마주하는 눈빛으로
삶을 노래하는 가객 되리니

청풍명월

제천과 청풍을 잇는 산골에 햇살이 눈 시리다
마른풀 앙상한 나목 사이 굽이굽이 도는 시오 리 길
계곡은 수려하고 하늘도 푸르러 햇살은 저리도 좋은데
청풍명월 맑은 물 푸르게 흐르고 흘러서 어디로 갈까

돌아눕는 계곡 시선 끝닿은 골짜기에 창 넓은 빈 찻집
마른 꽃 널린 카페에 앉아 한 잔의 차로 마음을 녹이니
人傑은 간데없고 낡은 스피커에 애설픈 옛 노랫소리에
가슴 깊이 잠들었던 그리움이 깨어나 정수리를 친다

— 옛 찻집에 앉아

동검리 가는 길

인적 없는
동검리 바닷가는
마음의 고향

시선 끝닿은 곳에
실낱같은 은물결은
내 마음

붉은 함초
눈 시린 햇살 가득
붉게 뽐내면

세상은
내일을 위하여
오늘을 눕는다

몸살한다
그리고 또 다른
그리움을 잉태한다

천상재회

가슴에 푸르른 여백이 채워지는 날이 오면
그리던 세상으로 아낌없이 날아오르리라

푸른 하늘 우러러 森羅萬象의 마루에 올라
새파란 戀 실에 묶여 훨훨 날아보는 세상

영혼의 실에 매여 더 날아오를 수 없었던
나의 슬픈 전설을 이야기하는 파랑새 되면

미리내 건너 시나브로, 시나브로 다가가
온새미로 온전하게 그대 곁으로 날아올라

나의 그린내여, 온전히 네게로 다가가는
찬란한 한 마리 아플라싹스 되어 날아오르리!

힘찬 비상으로 날아올라 천상재회(天上再會)하는 날
너를 향해 목놓아 눈물 흘리리이다

사랑의 정의

내, 널 사랑한다
말 않아도

넌, 내 사랑인 줄
저 태양은 알지

말하지 않아도
알 수 있는 건

서로가 공존하는 까닭에
서로가 교감하는 까닭에

사랑한다는 말은
바다의 한 방울 물과 같고
은하수에 떠 있는 뭇별 중에
하나

당신에게

사랑한다 말은
필요하지 않은
장신구

붉은 등대

비가 오나, 눈이 오나
바람 불어도
언제나 그 자리

밤이나, 낮이나
本然 하나로 지켜온
당신

그 전설 알고 싶어
오늘도 당신을 찾았지

그대 마음 배우고
닮을 수 있다면
꽁꽁 언 마음 깊은 곳
녹을 것 같아

욕망을 위하여
앞만 보고 달리던 젊은 날엔

붉은 석양만
아름다운 줄 알았지

젊은 날 볼 수 없던 세상을
이제는 볼 수 있는
마음의 눈이 있기에

칠흑보다 어두운 밤에
새날이 잉태되는 과정이
더 아름다운 것을
이제야 알았지 뭐야

또 다른 여명의 시작은
새로운 꿈을 만들고

끊임없는 반복으로
완성되어 간다는 걸

세상이 잠드는 이유
오늘 이제야 알았어

해 저문 날의 묵상

내일을 위한 오늘이
잠드는 시간

하루를 돌아보며
자신에게 묻는다
유일회성(唯一回省)의 시간을
얼마나 충실했느냐고

철없이 흘려보낸 시간
너무나 아득하고
어느덧 황혼의 문 앞을
서성이는 외로움

가고 없음을 그리워하는
회한(悔恨)의 어리석음에
독감보다 깊은 몸살을 하고
심연(深淵)을 헤매는 거울 속에서
상심(傷心)은 얼마쯤 지나야 철들까……

철들고 깨달음의 반복으로
삶의 무게는 늘어만 가는데

빈 하늘은
고요 속으로 잠들고
향기 짙은 찻잔 속에
손톱만 한 달이 빠져있다

밤안개

하 많은 그리움
썼다가 지우고
다시 또 쓴 빈 하늘가

함박눈으로 쏟아진
얼어버린 바람은
밤안개로 피어나
억새로 흐느끼고
생채기뿐인 속살
첫눈 같은 미소로
피어난 해맑은 웃음

모래알 같은 기억
투명하게 헤매다가
빈 메아리로 돌아와
허공의 가로등 불빛으로
뚝 떨어져 추락하는
노래 한 소절

아린 상처로 태어난
내 노래의 날개는
운무 가득한 밤하늘 날아
여린 손 내미는
그대의 환한 미소로
가벼이 내려앉고

천상재회할 언약은
꿈길 속의
간절한 애원의 기도

영원한 평행선 너머
밤안개로 다가온 당신
너는 내 인생

내 마음의 고향

맑은 사람 보미

생과 사의 기로에서 두 번의 수술로
마음 둘 곳 없이 갈팡질팡 거리다가
삶의 무게로 지쳐 휘청이고 있을 때

칠흑의 어둠을 표류하듯 온라인 바다에서
애타는 구원의 손길 기다리는 난파선처럼
한 조각 스치는 바람의 인연으로
우연히 만났던 해맑은 사람 보미

지워지지 않았던 메일 한 조각으로
얼어붙은 임진강가를 달려온 소식
10년을 찾아 달려간 잊혀진 얼굴

차갑게 잡은 뜨거운 손
어떻게 살았느냐 질문에
작은 미소로 답하는 보미

한 가정의 군센 모녀 가장으로

두 아이의 엄마로 모질게 살아
몰라보게 변해버린 너의 모습

가슴을 저미는 서러운 이야기
거칠게 견뎌온 세월 감추고
김치랑 콩이랑 고춧가루랑 간고등어 한 손……
바리바리 싸준 마지막 손길

내 손가락 온 힘 다해 잡은 너의 손길에
금방 쏟아져 바다가 될 것 같은 마음

파랗게 얼어 깨질 것 같은 강바람에
애써 감춘 눈물은 먼 하늘만 바라보다
수정보다 투명하게 미소 짓는 맑은 사람 보미

차마 이 순간의 손길 놓을 수 없어
짧은 해후 가슴에 묻어 달라던 너
가슴에 새겨 기억하고 싶은 오늘

천년의 크리스마스

내 가슴 깊은 곳을 떠난 적 없던 당신
지나간 세월의 시간은 흐름일 뿐
아무런 의미가 없습니다

길섶에 아무렇게 핀 들꽃 향기에서
낡은 일기장의 곰팡이 냄새에서도
소나기에 젖은 마른 흙내음에서도
늘 당신의 향기를 기억합니다

밤새운 가을비 낙숫물 소리에서도
식어버린 찻잔의 작은 떨림에서도
앙상히 구르는 낙엽의 소리에서도
늘 당신의 음성을 기억해 내곤 합니다

함박눈 종일토록 쏟아지던 날
마지막 천년의 크리스마스에
당신 닮은 후리지아 한 아름 안고
눈길 따라 6시간을 달려가던 날

우체국 계단 앞에서
가로등보다 더욱 환한 미소로
내게로 다가온 당신
가슴 뜨거운 상봉에 이미 멎은 심장

발목까지 빠지는 설경 속에서
당신의 숨결 그 하나만으로도
가슴 벅찼던 뜨거운 순간
한 가락의 국수도 삼키지 못했던 목메임

분간할 수 없는 어두운 낯선 길
쌓여가는 함박눈 속을 뚫고
어디선가 고요한 밤 거룩한 밤……
캐럴송이 애섧게 들리는 밤

알전구 가로등 아래서
나와 당신을 태운 승용차는
목이 쉰 연기를 하얗게 뿜으며
작별의 길을 재촉합니다

10년 만에 느낄 수 있었던
당신의 따스한 마음을
차마 놓을 수 없었기에

눈보라는 더욱 세차게 내렸나 봅니다

가슴속 응어리 풀지 못하고
10년 기다린 만남을 말없이 떠나보내고
황량한 검푸른 바닷가를 돌아
불 꺼진 작은 주유소 앞마당에 차를 세운 채
밤새워 당신의 이름을 불러봅니다

그렇게 당신을 떠나보내고 난 후
또다시 아홉 번째 겨울의 문턱에 서서
아직도 가슴에 남긴 못다 한 이야기를
스산한 바람에 내 마음 실어 보냅니다

평행선
이제는 서로 다른 이정표를 향하여 가야 하는
그래서 영원히 교차할 수 없는 평행선
멀지도 가깝지도 않은 곳에서 서로 공존하며
마음은 아무리 애원해도 만날 수 없는 평행선

그래도 당신은 언제나 내 마음의 고향입니다

忘覺의 想

꿈길에서
그리움에 여위어
떠돌다 멈춘 곳

잊었던, 잊을 수밖에 없었던
해맑은 미소를 찾아내고
커다란 눈망울을 찾아내고

네 마음은
파란 하늘도
하얀 뭉게구름도
한가로이 쉴 수 있는 곳

어이해 그것을
일찍 헤아리지 못하였나

忘覺의 窓 너머
더욱 또렷해지는

그리운 네 모습

잊으려한 것은
나의 虛像

2015 장애인 창작집 발간지원 사업 선정 작품집

푸른 하늘의 종이비행기

1쇄 발행일 | 2015년 12월 20일

지은이 | 최부암
펴낸이 | 정화숙
펴낸곳 | 개미

출판등록 | 제313 - 2001 - 61호 1992. 2. 18
주소 | (04175) 서울시 마포구 마포대로 12, B-109호(마포동, 한신빌딩)
전화 | (02)704 - 2546
팩스 | (02)714 - 2365
E-mail | lily12140@hanmail.net

ISBN 978 - 89 - 94459 - 62 - 2 03810

값 12,000원

주최 | 대한민국 장애인 창작집필실
주관 | 장애인인식개선오늘(고유번호 305-80-25363. 대표 박재홍)
심사 | 발간지원 사업 심사위원회
후원 | 대전광역시, 대전문화재단, (재)아름다운가게, 대전시버스운송사업조합, (주)유진택시, (주)삼진정밀, (주)맥키스컴퍼니, 계간 문학마당